BEI GRIN MACHT SICH IHR WISSEN BEZAHLT

AF130046

- Wir veröffentlichen Ihre Hausarbeit,
  Bachelor- und Masterarbeit

- Ihr eigenes eBook und Buch -
  weltweit in allen wichtigen Shops

- Verdienen Sie an jedem Verkauf

Jetzt bei www.GRIN.com hochladen
und kostenlos publizieren

Bibliografische Information der Deutschen Nationalbibliothek:

Die Deutsche Bibliothek verzeichnet diese Publikation in der Deutschen National-
bibliografie; detaillierte bibliografische Daten sind im Internet über http://dnb.d-
nb.de/ abrufbar.

Impressum:

Copyright © 2016 GRIN Verlag, Open Publishing GmbH
Druck und Bindung: Books on Demand GmbH, Norderstedt Germany
ISBN: 9783668519572

Dieses Buch bei GRIN:

http://www.grin.com/de/e-book/374744/preismanagement-und-kooperation-stra-
tegische-analysemethoden-corporate

Sarah Andrina Heimann

Preismanagement und Kooperation, Strategische Analysemethoden, Corporate Identity und Digitalisierung in der Fitness- und Gesundheitsbranche

GRIN Verlag

GRIN - Your knowledge has value

Der GRIN Verlag publiziert seit 1998 wissenschaftliche Arbeiten von Studenten, Hochschullehrern und anderen Akademikern als eBook und gedrucktes Buch. Die Verlagswebsite www.grin.com ist die ideale Plattform zur Veröffentlichung von Hausarbeiten, Abschlussarbeiten, wissenschaftlichen Aufsätzen, Dissertationen und Fachbüchern.

Besuchen Sie uns im Internet:

http://www.grin.com/

http://www.facebook.com/grincom

http://www.twitter.com/grin_com

Deutsche Hochschule für

Prävention und Gesundheitsmanagement

Einsendeaufgabe

Fachmodul: Marketing II

Studiengang: Bachelor of Arts Fitnessökonomie

Datum
Präsenzphase: 04.07.2016 – 07.07.2016

Name, Vorname: Heimann, Sarah Andrina

Studienort: **Leipzig**

Semester: **SS 2014**

Inhaltsverzeichnis

1 Preismanagement und Kooperation

1.1 Preiselastizität der Nachfrage

Anhand der repräsentativen Ergebnisse aus dem Jahr 2014 errechnet sich folgende Preiselastizität für die Nachfrage der X&Y GmbH:

Gegeben:

- Mitgliederzahl:
  - Januar 2014: 2600 Mitglieder
  - Nach Preiserhöhung: 2400 Mitglieder
- Monatlicher Mitgliedschaftsbeitrag:
  - Januar 2014: 49,95 €
  - Nach Preiserhöhung: 54,95 €

Gesucht:

- Preiselastizität der Nachfrage (E)

Lösung:

- $|E|$ = Änderung der Menge in % : Änderung des Preises in %

- Berechnung der Änderung des Menge (Mitglieder) in %:

2400 Mitglieder : 2600 Mitglieder = 0,923 = 92,3% → 100% - 92,3% = 7,7%
→ Änderung um 7,7%

Es wird von einem Rückgang der Mitglieder von 7,7% ausgegangen.

- Berechnung der Änderung des Preises in %:

54,95 € : 49,95 € = 1,1 = 110 % → 110% -100% = 10% → Änderung um 10%

Mit 54,95 € Mitgliedschaftsbeitrag wird eine Preiserhöhung von 10% geplant.

- Einsetzen in die Formel:

$|E| = 7,7\% : 10\%$

$|E| = \underline{|0,77|}$

Es handelt sich bei der Nachfrage um eine unelastische Nachfrage, da E kleiner als 1 ist. Trotz der Preisehöhung, reagieren die Mitglieder kaum auf diese Veränderung. Das Unternehmen sollte die Preiserhöhung vornehmen, da sie eine Gewinnsteigerung zur Folge hätte. Sollte der Mitgliederrückgang jedoch mehr als 200 Mitglieder betragen, sollte das Unternehmen eine erneute Berechnung der Preiselastizität durchführen, da es möglicherweise zu wirtschaftlichen Verlusten kommen könnte. Fällt der Mitgliederrückgang jedoch geringer als 200 Mitglieder aus, wird ein größerer Gewinn vom Unternehmen erzielt.

1.2 Preisbildung

1.2.1 Anlässe der Preisbildung

Die Beschreibung der X&Y Health GmbH lässt darauf schließen, dass es sich bei dem Anlass zur Preisbildung um die Markterschließung handelt. Das Unternehmen möchte das Firmenwachstum antreiben, und überlegt daher, das bislang bewährte Produkt bzw. die Dienstleistungen in neuen Standorten bundesweit auszuweiten. Die bereits 5 vorhandenen Anlagen des Unternehmens sind im süd-westlichen Teil Deutschlands angesiedelt, wodurch noch viele Möglichkeiten zur bundesweiten Expansion möglich sind.

In Betracht auf die Produkt- und Leistungsstrategie nach der Ansoff-Matrix, handelt es sich bei diesem Fall um die Marktdurchdringung. Die X&Y Health GmbH möchte ihr Konzept & ihre Leistungen nicht verändern, sondern legt den Fokus auf die bundesweite Expansion des Unternehmens, und agiert dabei in einem bereits bestehenden Markt. Ziel hierbei ist beispielsweise die Gewinnung von Neukunden, auch von der Konkurrenz.

1.2.2   Kostenorientierte Preisbildung

<u>Gegeben:</u>

- Jährliche Fixkosten für neue Anlage: 725.000 €
- Monatliche Fixkosten für neue Anlage (Kf): 60.416,67 €
- Mitgliederzahl (MG): 2.55
- Variable Kosten (Kv): 10 €/ Monat
- Gewinnzuschlag: 25%

<u>Gesucht:</u>

1) Kosten pro Mitglied (KpM)
2) Kosten pro Mitglied mit Gewinnzuschlag (x)
3) Brutto-Mitgliedsbeitrag

<u>Lösung:</u>

Berechnung:

1) Kosten pro Mitglied:

$$KpM = Kv + (Kf : MG)$$
$$= 10 € + (60.416,67 € : 2.500 €)$$
$$= \mathbf{\underline{34,17\ €}}$$

Die monatlichen Kosten, ohne Gewinnzuschlag, betragen 34,17 €.

Berechnung:

2) Kosten pro Mitglied mit Gewinnzuschlag (x):

34,17 € entsprechen 75%, da 25% als Gewinnzuschlag angesetzt sind.

$$x = (34,17\ € \times 100\%) : 75\% = \mathbf{\underline{45,56\ €}}$$

Die monatlichen Kosten pro Mitglied, inklusive Gewinnzuschlag, betragen 45,56 € netto.

Berechnung:

3) Brutto-Mitgliedschaftsbeitrag:

Mehrwertsteuer: 19%

45,56 € x 0,19 = 8,66 €

45,56€ + 8,66€ = **54,22€**

Die monatlichen Kosten pro Mitglied, inklusive Mehrwertsteuer, betragen 54,22€ brutto.

1.2.3 Konkurrenzorientierte Preisbildung

Die X&Y Health GmbH hat die Möglichkeit, den Preis konstant zu lassen, zu senken oder zu erhöhen. Um mit der Konkurrenz, welche einen geringeren monatlichen Mitgliedschaftsbeitrag anbietet, mithalten zu können, würde eine Preis-Senkung nahe liegen. Jedoch besteht dann für das Unternehmen die Gefahr nicht mehr kostendeckend wirtschaften zu können. Dies veranlasst die Empfehlung, die Dienstleistungen in dem Unternehmen durch z.B. Schulungen der Trainer oder kleine Veranstaltungen für die Mitglieder qualitativ zu steigern und sich somit von der Konkurrenz abzuheben. Bei einem sehr guten Preis-Leistungs-Verhältnis, mit hohen Qualitätsstandards in allen Studios, sind die Mitglieder eher bereit einen höheren Preis zu zahlen, als bei einem Konkurrenten.

2 Strategische Analysemethoden

2.1 Five Forces-Modell nach Porter

Das Five-Forces-Modell nach Port dient zur Branchenstrukturanalyse. Hierbei werden 5 verschiedene Wettbewerbskräfte analysiert und bewertet:

- Potenzielle Mitbewerber

- Kunden (Verhandlungsmacht)

- Lieferanten (Verhandlungsmacht)

- Ersatzprodukte

- Rivalität der Mitbewerber

Diese 5 Komponenten werden nun in Bezug auf die Fitness First Germany GmbH betrachtet.

Tab. 1: Five-Forces-Modell nach Porter bezogen auf die Fitness First Germany GmbH

Wettbewerbskraft	Beschreibung
Bedrohung durch potenzielle (neue) Mitbewerber	Neue Mitbewerber in der Fitness- und Gesundheitsbranche treten immer wieder auf. Ein bislang noch nicht so bekannter, aber durchaus zu betrachtender Konkurrent könnte das Unternehmen „Elements" sein. Dieses ähnelt dem Premium-Angebot von Fitness First & ist bislang in Städten wie Hamburg, München oder Frankfurt vertreten. Ein großes Angebot im Premium-Bereich bei einem geringen Beitrag ab 55 € locken viele Kunden an. Viele Angebote sind ähnlich wie bei Fitness First und es wird sich zeigen, ob dieser potenzielle Konkurrent Fitness First ein schwerer werden wird.
Verhandlungsmacht der Kunden	Durch das breite Feld der Mitbewerber im gleichen oder auch geringeren Preis-Segment, üben ebenso die Kunden eine gewisse Verhandlungsmacht aus. Durch Medien wie das Internet oder Außenwerbung gelangen sie schnell an Informationen über die Konkurrenz, wobei oftmals auch günstigere Angebote von Discountern, potenzielle Kunden abwerben. Durch verschiedenste Marketing-Aktionen kann das Unternehmen sowohl Alt- aber auch Neu-Mitglieder für sich gewinnen. Die bekannten Qualitäts-Ansprüche müssen dabei stets erfüllt werden, um keine Kunden an Konkurrenten zu verlieren.
Verhandlungsmacht der Lieferanten	Die Lieferanten besitzen ebenso eine Verhandlungsmacht, jedoch ist diese als geringer einzustufen. Es gibt im Bereich der Nahrungsergänzung, Textilbranche oder auch im Hygiene-und Pflege-Bereich viele Anbieter, wodurch man im Falle einer plötzlichen Preiserhöhung schnell den Lieferanten wechseln könnte. Ein Beispiel für einen Lieferanten könnte „Reebok" als Zulieferer von Kleidung für die angestellten Trainer sein. Dabei helfen sich beide Unternehmen gegenseitig: Reebok bietet eine gute Qualität in Bezug auf die Kleidung der Trainer, Fitness First macht durch die

	Aufdrucke auf der Kleidung Werbung für das kooperierende Unternehmen. Dadurch, dass Fitness First sowohl national als auch international auf dem Markt vertreten ist, ist der Werbeeffekt sehr groß für Reebok. Es ist somit sehr unwahrscheinlich, dass dieses Unternehmen seinen Werbeträger (Trainer der Fitness First GmbH) durch eine Preisänderung beispielsweise verlieren will.
Bedrohung durch Ersatzprodukte	Eine mittelmäßige bis hohe Bedrohung ist durch Ersatzprodukte gegeben. Online-Fitness-Plattformen treten immer häufiger in der Fitnessbranche auf dem Markt auf. Im Zeitalter von Smartphones und Apps geht der Trend dorthin, „online" Sport zu machen. Beispiele sind Anbieter wie „Gymondo" oder „freeletics". Als reines Ersatzprodukt kann man diese jedoch nicht betrachten, da hierbei nur der Aspekt der Fitness der selbige ist wie bei Unternehmen. Die qualitativ hohen Leistungen, die die einzelnen Studios bieten, können solche Plattformen den Kunden nicht bieten.
Rivalität der bestehenden Mitbewerber	Fitness First ist ein Premium Anbieter, jedoch nicht allein in diesem Bereich der Branche anzufinden. Holmes Place lässt sich hierbei als starker Konkurrent des Unternehmens nennen. Auch dieses Unternehmen besitzt Anlagen national sowie international und kann als etabliert angesehen werden. Beide Konkurrenten bieten qualitativ ähnliche Dienstleistungen an und stehen somit im direkten Konkurrenzkampf zueinander. Fitness First sollte für die Kundengewinnung und -bindung sich von dem Mitbewerber durch spezielle Angebote abgrenzen. Beispiele dafür sind das bereits angebotene Outdoor-Training oder das Online-Training „NewMoove".

2.2 Durchführung einer SWOT-Analyse

Tab. 2: SWOT-Analyse

Ressourcenanalyse	
Stärken	**Schwächen**
Qualitativ hohe Service- und Trainingsstandards	Mangelnde Trainer-Betreuung auf der Fläche
Das Personal bei Fitness First in den einzelnen Bereichen des Studios, wie z.B. Service oder Training, speziell ausgebildet. Dies ist unter anderem Grund für die qualitativ hohen Standards der einzelnen Bereiche, so wie es	Trotz der guten Ausbildung der Trainer, sind diese nur selten auf der Fläche anzufinden. Nur nach Absprache und gegen einen Aufpreis kann man einen Trainer zur Hilfestellung/ zum Training treffen. Hinzu kommen

bei Premium Anbietern üblich ist.

Breites Sport-und Wellnessangebot

Das Angebot von Fitness First ist breit gefächert: Von Kursen, über Kraft-und Ausdauertraining bis hin zu Outdoor-Angeboten, Personaltraining und Online-Trainings („New Moove"). Auch im Wellness-Bereich kann das Unternehmen mit seinen Angeboten punkten (Fitness First Germany GmbH, 2016).

Große Studioanzahl in Deutschland

Fitness First besitzt bereits viele Studios in Deutschland verteilt. Derzeit handelt es sich um 84 Anlagen, welche in größeren Städten Deutschlands anzufinden sind. Somit ist das Unternehmen am Markt etabliert.

mehrere Berichte über inkompetentes Auftreten der Trainer auf der Fläche, sowie vereinzelt bei den Kursen.

Komplizierte Preispolitik

Innerhalb der Fitness First Kette gibt es mehrere Optionen der Mitgliedschaft. Dabei ist die günstigste Variante in den Lifestyle Clubs vorzufinden. Des Weiteren bietet das Unternehmen reine Frauenstudios oder auch eine gehobene Ausstattung in den Black Label Studios. Durch die verschiedensten Angebote und Preiskategorien kommt es oft zu Verwirrung bei den Kunden. Hierbei können diese nicht unterscheiden welches Angebot, welches Label des Unternehmens bietet.

Hohe Studioauslastung zu Stoßzeiten in den Studios

Zu den bekannten Stoßzeiten herrscht in dem Großteil der Studios eine zu hohe Check-In-Anzahl an Mitgliedern. Diese Zeit beschränkt sich auf die Abend-Zeiten, wenn die meisten Mitglieder Feierabend haben.

Chancen

Digitalisierung durch Online-Plattformen wie „NewMoove"

Mit der Entwicklung einer neuen Online-Trainings-Plattform namens „NewMoove" bietet Fitness First als erstes deutsches Unternehmen ein solches Angebot für seine Mitglieder an. Dies ist zeitsparend, da die Kunden nicht mehr ins Studio fahren müssen um zu trainieren. Durch diese Neuentwicklung des Unternehmens geht dieses vollkommen den Trend der Digitalisierung mit und kann neue Zielgruppen ansprechen. Aber auch Alt-Mitglieder haben ihren Nutzen von dieser Plattform.

Risiken

Wachsende Wettbewerbsintensität in Richtung Online-Plattformen

In den letzten Jahren hat sich die Konkurrenz auf dem Fitness-Markt durch Online-Angebote drastisch gesteigert. Marken wie „gymondo" bieten den Kunden das Training zu Hause an. Dadurch müssen diese nicht mehr den Fahrweg oder überfüllte Studios zu den Stoßzeiten auf sich nehmen. Somit sind diese Arten der Online-Fitness-Konzepte nicht als Konkurrenz zu unterschätzen.

Expansion auf internationalen Märkten	Konkurrenz auf nationaler Ebene
Wie bereits erwähnt ist Fitness First bereits international vertreten. Hierauf kann man aufbauen, um die Bekanntheit des Studios zu steigern und Studios in noch nicht besetzte Länder/ Regionen zu eröffnen. Oftmals ist in anderen Ländern der Konkurrenzkampf nicht ganz so groß wie in Deutschland, was ein Vorteil für das Unternehmen sein kann.	In Deutschland eröffnen immer mehr Fitness- und Sportanlagen was zu einem höheren Konkurrenzdruck auf dem Markt führt. Vor allem in den großen Städten Deutschlands ist die Anbieterzahl und somit auch der Konkurrenz-Kampf hoch. Dabei kann man einen starken Anstieg der Discounter-Studios wahrnehmen.
Zusammenarbeit mit weiteren Kooperationspartnern	Hoher Personalaufwand in qualitativer Hinsicht
Auf dem nationalen Markt hat sich Fitness First bereits einen Namen in Bezug auf Gesundheits- und Fitnesssport gemacht. Dies führt dazu, dass viele Kooperationspartner mit dem Unternehmen zusammen arbeiten möchten. Durch solche Kooperationen bewirbt das Unternehmen zum einen den Partner, aber auch andersherum. Im Aspekt des Marketings sind solche Zusammenarbeiten somit unerlässlich für Fitness First.	Fitness First zählt wie bereits erwähnt zu den Premiumanbietern und muss sich somit durch qualitativ hohe Leistungen von Discount-Anbietern absetzen. Dabei muss das Personal bestens geschult sein um die bewährten Standards zu halten oder sogar zu verbessern. Nur so kann der Preis des Anbieters gerechtfertigt werden.

2.3 Erstellung einer SWOT-Matrix

Tab. 3: Erstellung einer SWOT-Matrix

SWOT-Matrix		Externe Analyse	
		Chancen (Opportunities)	Risiken (Threats)
Interne Analyse	Stärken (strengths)	SO-Strategien • „New Moove" nutzen um Trainingsangebote noch verfügbarer für Kunden zu machen und von Konkurrenz abzugrenzen Bereits vorhandene Service- und Qualitätsstandards weiter ausbauen. In nationalen aber auch internationalen Regionen wird viel Wert auf hohen	ST-Strategien • Online-Trainingsangebot weiterentwickeln um mit der Konkurrenz in diesem Bereich mithalten zu können • Mitarbeiter-Zufriedenheit durch beispielsweise Vergütungen dauerhaft oben halten; dadurch hohe Service-und Qualitätsstandards aufrecht erhalten

Schwächen (Weaknesses)	WO-Strategien	WT-Strategien
Qualitätsstandards gelegt. Da dies eine Stärke des Unternehmens ist kann diese noch weiter ausgebaut werden um sich mehr von der Konkurrenz abzusetzen.		
	• Höheren Umsatz durch neue „New Moove" Kunden erwirtschaften • Unübersichtliche Preisstruktur überarbeiten bzw. anpassen und somit ein einheitliches Angebot schaffen	• Die Anwesenheit der Trainer durch Personal-Aufstockungen erhöhen um qualitatives Niveau zu halten/verbessern • Unübersichtliche Preisstruktur übersichtlicher gestalten und dadurch die Abwanderung von Mitgliedern zur Konkurrenz verhindern

3 Corporate Identity

3.1 Interview-Analyse

3.1.1 Corporate Identity

Das Corporate Design wurde verändert indem man das Logo des Unternehmens von gelb zu blau wechselte. Somit wurde durch den kräftigen Blauton eine mögliche Verwechslung mit einem anderen Anbieter in der Fitness-Branche umgangen. Des Weiteren wurde der Leitsatz zu „Ja, zu einem starkem Körper" verändert und somit ein klares Statement geschaffen. Die Zielgruppe von Kieser ist durch Menschen mit einem Alter von 30 bis 55 Jahren definiert. Weiterhin wird auf Plakaten oder Online-Plattformen durch Menschen in Alltags-oder Freizeit-Situationen für das Unternehmen geworben. Dabei wurde bewusst mit Menschen in den zielgruppenspezifischen Altersgruppen gearbeitet um das Konzept umso mehr authentisch zu umwerben. Das Unternehmen kommuniziert auf neuen Werbeplattformen wie z.B. Facebook oder auf der eigenen

Internetseite. Zudem konzentriert sich Kieser auf ein bestimmtes Angebot: Krafttraining verbunden mit einem starkem Rücken.

3.1.2 Gründe einer Überarbeitung der Corporate Identity

Für eine Neuausrichtung der Corporate Identity eines Unternehmens kann es viele Gründe geben. Hauptgrund für Kieser zu diesem Schritt ist das falsche Image welches das Unternehmen nach außen vermittelt. Deutlich wurde dieses Problem bei einer Befragung von Kunden und Nichtkunden des Unternehmens. Hierbei nahmen 5000 Kunden, 500 ehemalige Kunden, Geschäftspartner, Ärzte, Physiotherapeuten und 2000 Nichtkunden teil. Es stellte sich dabei heraus, dass viele der Teilnehmer der Meinung waren, Kieser Training sei „Training für alte und krank Leute" (Panzeri, A., 2014, S.8). Dieses Image möchte Kieser revidieren, da sie für einen kräftigen Körper, einen starken Rücken und ein schönes Leben stehen wollen. Hierbei sind Menschen von 30-55 Jahren als Zielgruppe angestrebt. Eine neue Corporate Identity kann dieses falsche Image ändern.

Ein weiterer Grund für eine Überarbeitung der Corporate Identity ist die Fehlinterpretation von neuen Geräten/ Produkten des Unternehmens. Dies hängt mit dem falschen Image zusammen, welches Kieser oftmals Nicht-Mitgliedern gibt. Kieser setzt viel Geld in die Forschung und Entwicklung neuer Produkte. Beispiele hierfür sind spezielle Geräte für das Krafttraining wie ein Gerät für die Beckenbodenmuskulatur (Panzeri, A., 2014, S.9). Oftmals werden solch spezielle Geräte fehlgedeutet und nicht benutzt, weil die Kunden denken, die Geräte seien nur für ältere oder erkrankte Menschen nützlich. Diese modernen Produkte und Maschinen können aber nur richtig umworben werden, wenn das Gesamt-Image des Unternehmens nicht mehr fehlgedeutet wird.

Der zunehmende Konkurrenzdruck auf dem Fitness-Markt ist ein weiteres Anzeichen für die Veränderung der Corporate Identity von Kieser. Immer mehr Menschen zieht es in Fitness-Studios, der Trend geht zu „fit und schön" und dementsprechend erscheinen immer mehr neue Unternehmen auf dem Markt. Auch Kieser ist diesem Konkurrenzdruck ausgesetzt und muss darauf reagieren. Durch die Veränderung der Corporate Identity kann sich das Unternehmen neu etablieren und sich von anderen Konkurrenten abheben. Wie bereits zuvor erwähnt, trug eine Discounter-Fitnessstudio-Kette die gleiche Farbe in seinem Symbol, wodurch es schnell zu Verwechslungen mit diesem Anbieter kommen konnte.

Kieser strebt, genauso wie viele andere Unternehmen eine Expansion der Kette an. Auch in internationaler Ebene möchte das Unternehmen Fuß fassen. Die Änderung von dem knalligen Gelbton zu einem kräftigen, aber simpel gestalteten Symbol in Blau kann auch im Ausland zum Vorteil sein. Bereits in Luxemburg, Australien, dem United Kingdom und vielen mehr konnte Kieser bereits Studios erfolgreich eröffnen. Die umgeänderte Corporate Identity hat auch hier für Klarheit in Bezug auf den Status des Unternehmens geschaffen.

3.1.3   Unternehmen mit veränderter Corporate Identity

T-Mobile

Im Jahr 2013 änderte dieses Unternehmen seine Corporate Identity. Hierbei wurde das in ein magenta-farbendes Logo mit 4 rechteckigen Punkten geändert. Das Wort „Mobile" wurde dabei komplett ausgelassen. Der Werbeslogan wurde zu „Das verbindet uns" verändert. Je nach Produkt und Werbe-Art passt das Unternehmen diesen Slogan an wie z.B. „Fußball verbindet uns". Einen weiteren Punkt in der Überarbeitung der Corporate Identity ist das Gleichsetzen von Bestands-und Neukunden gewesen. Weiterhin sollen Geschäfts- und Privatkunden-Bindungen gestärkt und ausgebaut werden. Zudem sollen einzelne Geräte in einem Haushalt besser miteinander verbunden werden. Dabei können Fernseher, Autos etc. über das Handy gesteuert werden (Holzbauer, B., 2013).

Mastercard

Nach 20 Jahren hat Mastercard dieses Jahr ein neues Corporate Design entwickelt. Aus den bisher 2 Logos ein einheitliches gemacht. Dies verdeutlicht die digitale Weiterentwicklung des Unternehmens. Bei der Änderung des Designs sind die zwei ineinander verlaufende Farbkreise und deren Farben gleich geblieben. Somit wurde das Design des Unternehmens an die heutige Zeit angepasst (Designtagebuch, 2016).

Reebok

Das Tochterunternehmen von Adidas entschied sich 2014 nach fast 30 Jahren für ein neues Logo und ein neues Image entschieden. Das bisherige Streifen-Logo wurde durch ein dunkelrotes Delta-Logo ausgetauscht. Diese Änderung entstand im Ursprung durch eine Kooperation von Reebok mit CrossFit. Das Logo wirkt moderner, sportlicher und jünger und soll neue Zielgruppen des Unternehmens ansprechen. Die Kooperation mit CrossFit ist immer noch aktuell, aber auch andere Unternehmen wie Les Mills arbeiten mit dem Unternehmen zusammen. Des Weiteren stattet Reebok Sportler oder Fitness-Studio-Mitarbeiter aus. Sportbekleidung wird zudem speziell auf die einzelnen Sportarten wie z.B. Running oder Yoga entwickelt, um neue Zielgruppen zu erreichen. Andere Sportbereiche wie Fußball beispielsweise überlässt das Unternehmen den Marktführern wie Nike oder Puma. Mit Hilfe der neuen Corporate Identity setzt Reebok den Schwerpunkt auf die oben genannten Bereiche (Steinkirchner, P., 2015).

Mc Donald´s

Allein in Deutschland gibt es ca. 1350 Mc Donald´s Filialen. Die Veränderung ihrer Corporate Identity begann bereits vor einigen Jahren, wobei viele Standorte neu eingerichtet wurden. Eine edlere Innenausstattung und auch eine deutliche Angebotserweiterung sollte das Image des Unternehmens anheben. Dies war auch Grund für eine Erweiterung der Zielgruppen, da nun beispielsweise Salate und Geflügel-Speisen im Angebot enthalten sind. Hinzu kommt eine Änderung des Logos des Unternehmens. Das bekannte gelbe M auf rotem Hintergrund, ist nun auf einem grünen Hintergrund abgebildet. Dadurch wird versucht einen gesünderen Lebensstil und ein verbessertes Umweltbewusstsein zu verdeutlichen (Spiegel Online, 2009).

3.2 Marktstrategien

3.2.1 Marktbearbeitungsstrategie/ Wettbewerbsstrategie Kieser Training

Die Marktbearbeitungsstrategie, die Kieser verwendet, ist die Segmentkonzentration. Das Unternehmen hat aus dem großen Angebotsspektrum der Fitness- und Gesundheitsbranche ein bestimmtes Segment gewählt. Dabei geht es um ein simples, kurzes aber intensives Krafttraining, welches 2x wöchentlich von den Kunden absolviert wird. Es soll den Körper gesund und fit machen bzw. erhalten. Das gesundheitsorientierte Krafttraining an speziellen Geräten sowie die Kontrolle und das Feedback der Trainer machen das Kieser-Training aus, welches das Angebot/Produkt des Unternehmens darstellt.

Die Wettbewerbsstrategie bei Kieser ist die Nischenstrategie, d.h. sie haben eine kleine Zielgruppe. Diese erhält ein medizinisches, hochqualifiziertes und gesundheitsorientiertes Krafttraining. Ihre Wettbewerbsstrategie zeigt ein kleines, spezialisiertes auf, welches qualitätsorientiert für eine kleine Nische am Fitness- und Gesundheitsmarkt.

3.2.2 Strategien nach Ansoff

Kieser verfolgt die Strategien der Produkt- und Marktentwicklung.

In Bezug auf die Strategie der Produktentwicklung sind die Produktinnovationen des Unternehmens zu nennen. Wie zuvor erwähnt investiert Kieser permanent in ihre Forschungsprojekte zur Entwicklung von speziellen Geräten für das Krafttraining.

Die Strategie der Marktentwicklung macht sich beim Thema Internationalisierung deutlich. Mit Hilfe von Franchising besitzt Kieser Studios in verschiedensten Ländern und konnte sich somit in Ländern wie beispielsweise Spanien, Australien oder der Schweiz etablieren.

4 Digitalisierung in der Fitness- und Gesundheitsbranche

Die zunehmende Digitalisierung in der Fitness- und Gesundheitsbranche ist nicht abzustreiten. Mit diesem Trend sollte das Unternehmen mitgehen, da dies viele Vorteile mit sich bringen würde.

In den Studios des Unternehmens könnten Cyber-Trainings angeboten werden. Hierbei trainieren die Mitglieder vor einer Leinwand oder einem Flat-Screen, während der Kurs darauf abgebildet wird. Die Auswahl der Trainingseinheiten kann dabei sehr groß sein, wobei die Kosten für extra eingestellte Trainer gespart werden. Ausfälle der Trainer durch Urlaub oder Krankheit können durch Cyber-Kursangebote werden ebenso vermieden.

Auf Social-Media-Plattformen wie z.B. Facebook kann man sein Unternehmen kostenlos vermarkten. Mit einer dort eingerichteten Seite kann man seine Mitglieder aber auch potenzielle Interessenten stets auf dem neusten Stand halten, Veranstaltungen oder Specials datieren und umwerben und vieles mehr. Des Weiteren bietet Facebook auch die möglich mit den Kunden im Kontakt zu stehen und eventuelle Fragen zu beantworten. Durch Bilder und Standortbeschreibungen würde das Unternehmen sich besser darstellen können und leichter zu erreichen sein. Für eine solche Facebook-Seite wäre es sinnvoll, einen Mitarbeiter einzustellen der im Bereich IT oder Webdesign ausgebildet ist. Dieser würde sich um die Verwaltung und Gestaltung der Seite kümmern.

Eine unternehmenseigene App für alle Informationen rund um das Unternehmen würde eine gute Form der Digitalisierung darstellen. Dinge wie z.B. die Kurspläne, Kursauslastungen oder ein Trainingsplan-Tool wären dabei sehr nützlich für die Mitglieder.

Immer mehr Menschen nutzen ihr Smartphone und würden eine solche App als praktisch ansehen.

Eine Online-Trainings-Plattform könnte den Mitgliedern effektive Workout-Videos oder auch Rezepte bieten, ohne dass sie in das Studio müssten. Verschiedenste Arten von Kursen oder Trainingseinheiten könnten nach dem Einloggen des Mitglieds zu Hause absolviert werden. Gerade für Menschen mit wenig Zeit wäre dies eine tolle Variante der Digitalisierung des Unternehmens.

Als letzte Empfehlung für das Unternehmen bietet sich ein Online-Termin-System an. Hier können sich die Mitglieder oder Interessenten einloggen und Termine für Probetrainings oder auch Personal Trainings aussuchen sowie festlegen. Die Trainer würden dann auf die einzelnen Anfragen reagieren und könnten somit ihren Arbeitsablauf optimieren. Das System wäre ein einfacher Weg um die Kommunikation zwischen Trainer und Mitglied zu sichern. Missverständnisse oder Probleme bei der Terminfindung könnten hierdurch vermieden werden. Auch für Bootcamps oder Events würden sich die Mitglieder über dieses System anmelden. Eine schnelle und simple Variante der Terminvereinbarung.

Die Vorteile der Digitalisierung sind vielseitig, jedoch gibt es auch Risiken die bei einer Veränderung beachtet werden sollten.

Tab. 4: Chancen und Risiken der Digitalisierung

Chancen	Risiken
Kostenlose Werbung	*Unzufriedenheit der Mitglieder*
Social-Media-Plattformen bieten die Möglichkeit der kostenlosen Werbung für das Unternehmen. Die Anmeldung und Erstellung eines Profils wäre ohne jegliche Kosten verbunden. Ausgenommen sind dabei die Personal-Kosten. Durch den Austausch/Posts der Mitglieder auf der Seite werden auch deren Freunde auf das Unternehmen aufmerksam. Die hiermit eingesparten Kosten können anderweitig im Marketing verwendet werden.	Einige der Mitglieder könnten von der Digitalisierung nicht überzeugt sein und in Folge dessen kündigen. Vor allem der soziale Aspekt könnte hierbei ein Kritikpunkt sein, denn in den Cyber-Kursen gibt es keine „echten Trainer" mehr. Die Betreuung und der Kontakt zu diesen würden somit gänzlich wegfallen. Möglich wäre auch, dass Alt-Mitglieder mit dem Vorhandenen bereits zufrieden sind und alles Neue prinzipiell ablehnen würden.
Strukturiertere Arbeitsprozesse	*Mehraufwand an Personal (IT-Personal)*
Durch die bereits erwähnten Cyberkurse oder Möglichkeiten der Online-Terminierung könnten die Mitarbeiter und Trainer weitaus	Wie zuvor erwähnt wird mehr Personal im Bereich des Webdesigns und ITs notwendig sein um die Digitalisierungsprozesse um um-

ökonomischer arbeiten. Kurstrainer müssten nicht mehr eingestellt werden wodurch mehr Trainer für die Trainingsfläche verfügbar wären. Die Zeiteinsparung für die Kursgestaltung aber auch Terminvergabe wäre beachtenswert und würde den Trainern ein besseres Arbeiten ermöglichen.

setzen zu können. Entweder werden speziell ausgebildete Mitarbeiter hierfür gewählt, oder bereits vorhandene Mitarbeiter in diese Richtung umgeschult/weitergebildet. Eine zuvor angesetzte Kalkulation für die aufkommenden Kosten wäre hierbei zu empfehlen.

Gewinnung einer neuen, breiten Zielgruppe

Die Präsenz auf verschiedensten Online-Plattformen würde dem Unternehmen eine größere Masse an potenziellen Kunden bieten. Vor allem Facebook verzeichnet eine gemischte Altersgruppe der Nutzer wodurch nicht nur jüngere Menschen von der Werbung für das Unternehmen angesprochen werden würden. „Liked" ein Freund die Seite des Anbieters könnten dies wiederum andere Nutzer wie Freunde oder Bekannte sehen und auf das Unternehmen aufmerksam werden. Der Aufwand wäre dabei sehr gering, hätte aber einen großen Effekt.

Größere Transparenz der Mitgliedsdaten

Die Registrierung auf Online-Plattformen oder Social-Media-Seiten verbinden einige Menschen mit dem Verlust ihres Datenschutzes. Immer wieder kommt es in den Medien zu Berichten von „gehackten Daten" im Internet. Dies könnte viele Mitglieder oder Interessenten verunsichern. Die Privatsphäre der einzelnen Menschen könnte ihnen wichtiger sein, als eine Online-Registrierung für beispielsweise Termin-Vereinbarungen. Mögliche Fragen von Mitgliedern zu Datenschutz-Angelegenheiten sollten die Mitarbeiter kompetent beantworten können.

5   Literaturverzeichnis

Designtagebuch (2014). Mastercard erhält ein neues Markenzeichen. Zugriff am 16.08.2016. Verfügbar unter
http://www.designtagebuch.de/mastercard-erhaelt-ein-neues-markenzeichen/

Fitness First Germany GmbH, (2016). Homepage Fitness First. Zugriff am 18.08.2016. Verfügbar unter
https://www.fitnessfirst.de/
https://www.fitnessfirst.de/newmoove
https://www.fitnessfirst.de/training
https://www.fitnessfirst.de/clubs

Holzbauer, B. (2013). T-Mobile mit neuem Markenauftritt: Logo, Slogan und Corporate Design überarbeitet. *T-Mobile Newsroom.* Zugriff am 12.08.2016. Verfügbar unter
http://newsroom.t-mobile.at/2013/04/17/t-mobile-mit-neuem-markenauftritt-logo-slogan-und-corporate-design-ueberarbeitet/

Kieser Training (2016). Homepage Kieser Training. Zugriff am 14.08.2016. Zugriff am 19.07.2016. Verfügbar unter
http://www.kieser-training.de/
http://www.kieser-training.de/unternehmen/franchising
http://www.kieser-training.de/studios

Panzeri, A. (2014). Mit Köpfchen. *Werbewoche (05).* 8-9.

Schlaffke, W. & Plünnecke, A. (2015). Studienbrief Marketing 2, Unveröffentlichte Studienmaterialien. Saarbrücken: Deutsche Hochschule für Prävention und Gesundheitsmanagement.

Steinkirchner, P. (2015). Reebok ändert nach 30 Jahren ihr Logo. *Wirtschaftswoche.* Zugriff am 13.08.2016
http://www.wiwo.de/unternehmen/handel/sportmarke-reebok-aendert-nach-30-jahren-ihr-logo/8351670.html

6 Abkürzungs- und Tabellenverzeichnis

6.1 Abkürzungsverzeichnis

Tab. 5: Abkürzungsverzeichnis

Abkürzung	Bedeutung
Ca.	circa
Bzw.	beziehungsweise
MwSt.	Mehrwertsteuer
S.	Seite
Tab.	Tabelle
z.B.	Zum Beispiel

6.2 Tabellenverzeichnis